La Constitución de los Estados Unidos y la Carta de Derechos

The United States Constitution and the Bill of Rights

Lorijo Metz

Adapted by Nathalie Beullens-Maoui

Traducción al español: Christina Green

PowerKiDS press™

New York

Dedicated to my father, Joe Rush – Our Family's Founding Father

Published in 2014 by The Rosen Publishing Group, Inc.
29 East 21st Street, New York, NY 10010

First Edition

Editor: Amelie von Zumbusch
Book Design: Colleen Bialecki
Photo Research: Katie Stryker

Traducción al español: Christina Green

Photo Credits: Cover Superstock/Getty Images; pp. 4, 7, 13 (top) , 9 (top) Library of Congress Prints and Photographs Division Washington, D.C.; p. 5 David McNew/Staff/Getty Images News/Getty Images; pp. 8, 12, 21 iStockphoto/Thinkstock; p. 11 Tom Williams/Contributor/CQ-Roll Call Group/Getty Images; p. 13 (bottom) zimmytws/Shutterstock.com; p. 14 Katherine Welles/Shutterstock.com; p. 15 AFP/Stringer/Getty Images; p. 17 Eric Crama/Shutterstock.com; p. 18 Andre Blais/Shutterstock.com; p. 19 Stephen Coburn/Shutterstock.com; p. 20 Buyenlarge/Contributor/Archive Photos/Getty Images; p. 22 paulaphoto/Shutterstock.com.

Library of Congress Cataloging-in-Publication Data

Metz, Lorijo.
The United States Constitution and the Bill of Rights = La Constitución de los Estados Unidos y la Carta de Derechos / by Lorijo Metz ; translated by Christina Green. — First edition.
    pages cm. — (Let's celebrate freedom! = ¡Celebremos la libertad!)
Includes index.
English and Spanish.
ISBN 978-1-4777-3247-2 (library)
1. United States. Constitution—Juvenile literature. 2. Constitutional history—United States—Juvenile literature.
3. Constitutional law—United States—Juvenile literature. I. Green, Christina, 1967– translator. II. Metz, Lorijo. United States Constitution and the Bill of Rights. III. Metz, Lorijo. United States Constitution and the Bill of Rights. Spanish IV. Title. V. Title: Constitución de los Estados Unidos y la Carta de Derechos.
E303.M5418 2014
342.73—dc23

2013022496

Websites: Due to the changing nature of Internet links, PowerKids Press has developed an online list of Web sites related to the subject of this book. This site is updated regularly. Please use this link to access the list:
www.powerkidslinks.com/lcf/consti/
Manufactured in the United States of America

CPSIA Compliance Information: Batch # W14PK4: For Further Information contact Rosen Publishing, New York, New York at 1-800-237-9932

CONTENIDO

CONTENTS

WE THE PEOPLE

La revolución americana terminó en 1783. Estados Unidos había obtenido su independencia de Gran Bretaña. Sin embargo, para permanecer libres, el pueblo necesitaba un gobierno para mantenerlo **unido**. El pueblo creó un nuevo gobierno, en el que eligió a sus líderes.

The American Revolution ended in 1783. The United States had won its independence from Great Britain. To remain free, however, the people needed a government to keep them **united**. They created a new government, in which the people elected their leaders.

Esta pintura muestra el final de la Batalla de Trenton. Esta batalla fue parte de la revolución americana.

This painting shows the end of the Battle of Trenton. It was part of the American Revolution.

La Declaración de Derechos protege "el derecho del pueblo de reunirse pacíficamente". Este derecho cubre las protestas como la que ves aquí.

The Bill of Rights protects "the right of the people peaceably to assemble." This right covers protests such as the one seen here.

La Constitución de los Estados Unidos fue creada en 1787. Por primera vez en la historia, limitaba los poderes del gobierno **federal** o central. La Carta de Derechos fue añadida a la Constitución en 1791. **Protege** los derechos personales, tales como la libertad de expresión y religión.

The US Constitution was created in 1787. For the first time in history, it limited the powers of the **federal**, or central, government. The Bill of Rights was added to the Constitution in 1791. It **protects** personal rights, such as freedom of speech and religion.

A WEAK START

Durante la revolución americana, los 13 estados originales se unieron bajo un gobierno central frágil. Los representantes **ratificaron**, o aprobaron los **Artículos** de la Confederación en 1781. Bajo estos artículos, cada estado creó su propia moneda y leyes, dificultando el comercio entre ellos.

During the American Revolution, the 13 original states united under a weak central government. Representatives **ratified**, or approved, the **Articles** of Confederation in 1781. Under these articles, each state created its own money and laws, making trade between them difficult.

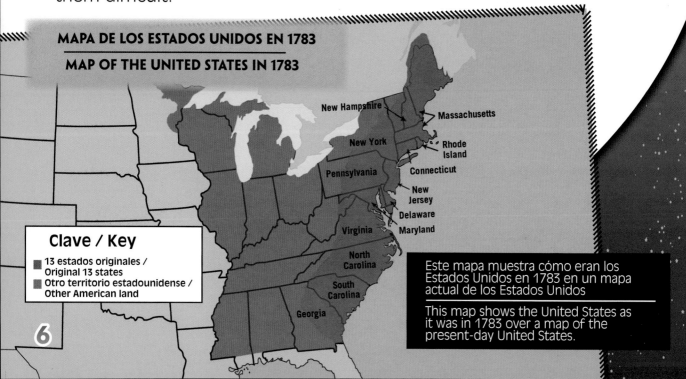

MAPA DE LOS ESTADOS UNIDOS EN 1783

MAP OF THE UNITED STATES IN 1783

New Hampshire

Massachusetts

New York

Rhode Island

Connecticut

Pennsylvania

New Jersey

Delaware

Virginia

Maryland

North Carolina

South Carolina

Georgia

Clave / Key

■ 13 estados originales / Original 13 states
■ Otro territorio estadounidense / Other American land

Este mapa muestra cómo eran los Estados Unidos en 1783 en un mapa actual de los Estados Unidos

This map shows the United States as it was in 1783 over a map of the present-day United States.

Los miembros de la Convención Constitucional eligieron a George Washington como presidente de la convención.

The members of the Constitutional Convention elected George Washington the convention's president.

El gobierno central era tan débil que en 1787, los líderes estadounidenses sostuvieron una reunión en Filadelfia, Pensilvania para hablar sobre las formas de abordar este problema. La reunión se conoció como la Convención Constitucional.

The central government was so weak that, in 1787, American leaders held a meeting in Philadelphia, Pennsylvania, to talk about ways to address this problem. The meeting became known as the Constitutional Convention.

UNA UNIÓN PERFECCIONADA
A MORE PERFECT UNION

Los líderes de 12 de los 13 estados asistieron a la Convención Constitucional. Ahí, crearon un nuevo **documento**, la Constitución. En él, los estados compartían el poder con el gobierno federal. Entre los autores principales de la Constitución estaba James Madison de Virginia.

Leaders from 12 of the 13 states attended the Constitutional Convention. There, the leaders came up with a new **document**, the Constitution. Under it, states shared power with the federal government. Among the Constitution's main authors was James Madison from Virginia.

La Convención Constitucional se realizó en la Sala de Independencia de Filadelfia. Este es el salón en el que los miembros se reunieron.

The Constitutional Convention took place in Philadelphia's Independence Hall. This is the room in which the members met.

Madison se considera un Padre Fundador, o un hombre que ayudó a establecer y dar forma a los Estados Unidos.

Madison is considered a Founding Father, or man who helped set up and shape the United States.

El 21 de junio de 1789, los líderes de New Hampshire ratificaron la Constitución con un margen estrecho. ¡Se convirtió en la ley del país! Como lo explica **preámbulo** o palabras de apertura de la Constitución, se redactó "para crear una unión perfeccionada".

On June 21, 1789, New Hampshire leaders ratified the Constitution by a narrow vote. It became the law of the land! As the **preamble**, or opening words, of the Constitution explains, it was written "in order to form a more perfect union."

CONTROLES Y CONTRAPESOS
CHECKS AND BALANCES

Tres artículos de la Constitución explican los tres poderes del gobierno. Estos poderes establecen un sistema de controles y contrapesos que permite asegurar que ninguna de estas ramas del gobierno tenga demasiado poder.

El Artículo I describe el poder legislativo, o el Congreso, que hace las leyes. El Artículo II cubre el poder ejecutivo, el cual se asegura de que las leyes sean implementadas. El Presidente es el jefe del poder ejecutivo. El Artículo III explica el poder judicial, incluyendo la Corte **Suprema**, la cual toma decisiones **legales** importantes.

Three articles of the Constitution explain the three branches of the government. These branches set up a system of checks and balances, which keep the branches in check so that none can become too powerful.

Article I describes the legislative branch, or Congress, which makes the laws. Article II covers the executive branch, which makes sure the laws are carried out. The president is the head of the executive branch. Article III explains the judicial branch, including the **Supreme** Court, which makes important **legal** decisions.

Los tres poderes del gobierno federal están representados en esta reunión del Congreso.

All three branches of the federal government are represented at this meeting of Congress.

TIMELINE

3 de septiembre de 1783
Se firma el Tratado de París, poniendo fin a la revolución americana.

September 3, 1783
The Treaty of Paris is signed, ending the American Revolution.

17 de septiembre de 1787
Después de meses de debate, 39 delegados firman la Constitución.

September 17, 1787
After months of debate, 39 delegates sign the Constitution.

| 1779 | 1780 | 1781 | 1782 | 1783 | 1784 | 1785 |

25 de mayo de 1787
La Convención Constitucional comienza en Filadelfia.

May 25, 1787
The Constitutional Convention starts in Philadelphia.

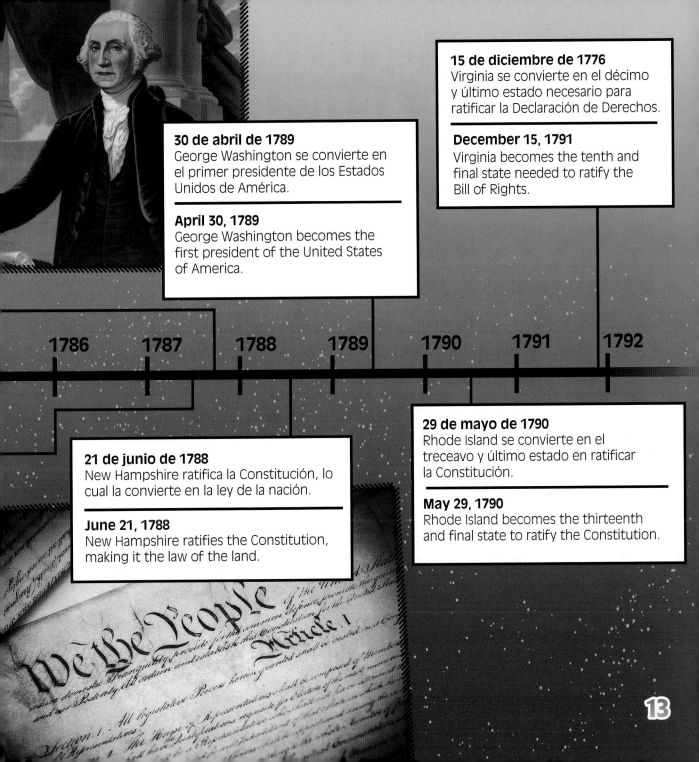

15 de diciembre de 1776
Virginia se convierte en el décimo y último estado necesario para ratificar la Declaración de Derechos.

December 15, 1791
Virginia becomes the tenth and final state needed to ratify the Bill of Rights.

30 de abril de 1789
George Washington se convierte en el primer presidente de los Estados Unidos de América.

April 30, 1789
George Washington becomes the first president of the United States of America.

1786 1787 1788 1789 1790 1791 1792

29 de mayo de 1790
Rhode Island se convierte en el treceavo y último estado en ratificar la Constitución.

May 29, 1790
Rhode Island becomes the thirteenth and final state to ratify the Constitution.

21 de junio de 1788
New Hampshire ratifica la Constitución, lo cual la convierte en la ley de la nación.

June 21, 1788
New Hampshire ratifies the Constitution, making it the law of the land.

13

CUATRO ARTÍCULOS FINALES
FOUR FINAL ARTICLES

El Artículo IV explica cómo los nuevos estados pueden formar parte de la Unión, y que todos los estados deben respetar las leyes de los demás estados. También cubre cómo el gobierno federal trata a los estados, incluyendo protegerlos en tiempos de guerra. El Artículo V explica cómo es posible hacer **enmiendas** o cambios a la Constitución.

Article IV explains how new states can join the Union and that all states must honor the laws of other states. It also covers how the federal government treats the states, including protecting them in times of war. Article V explains how **amendments**, or changes, can be made to the Constitution.

El primer nuevo estado en formar parte de la Unión después de los 13 originales fue Vermont. Esta es la capital de Vermont, Montpellier, como se ve hoy.

The first new state to join the Union after the original 13 was Vermont. This is Vermont's capital, Montpelier, as it looks today.

Al comienzo de su mandato, los presidentes toman el juramento de "preservar, proteger y defender la Constitución de los Estados Unidos".

At the very beginning of their terms, Presidents swear to "preserve, protect and defend the Constitution of the United States."

El Artículo IV establece que la Constitución es la ley suprema del país, y que ninguna persona que se postule para un cargo público deberá pasar una prueba religiosa. El séptimo artículo explica que sólo nueve estados necesitan ratificar la Constitución para que se convierta en ley.

Article VI establishes the Constitution as the supreme law of the land. It also says no one running for public office will have to pass a religious test. The seventh article explains that only nine states needed to ratify the Constitution for it to become law.

LA CARTA DE DERECHOS
THE BILL OF RIGHTS

Después de que la Constitución se convirtió en ley, James Madison escribió doce enmiendas, de la cuales diez pasaron a formar parte de la Carta de Derechos. La Primera Enmienda dice que los ciudadanos pueden adorar a quienes desean, decir o escribir lo que quieran, y congregarse pacíficamente en grupos. Madison creía que el país necesitaba una **milicia** o guardia nacional para protegerse. La Segunda Enmienda les da a los ciudadanos el derecho de tener armas. La Tercera Enmienda dice que los ciudadanos no tienen que albergar a soldados a menos que el gobierno haga una ley especial durante una guerra.

After the Constitution became law, James Madison wrote twelve amendments, ten of which became the Bill of Rights. The First Amendment says that citizens may worship as they please, say or write what they want, and meet peacefully in groups. Madison believed the country needed a **militia**, or national guard, for protection. The Second Amendment gives citizens the right to own guns. The Third Amendment says that citizens do not have to house soldiers unless the government makes a special law during a war.

El derecho a reunirse en grupos pacíficos también se conoce como libertad de reunirse.

The right to gather in peaceful groups is also known as the freedom of assembly.

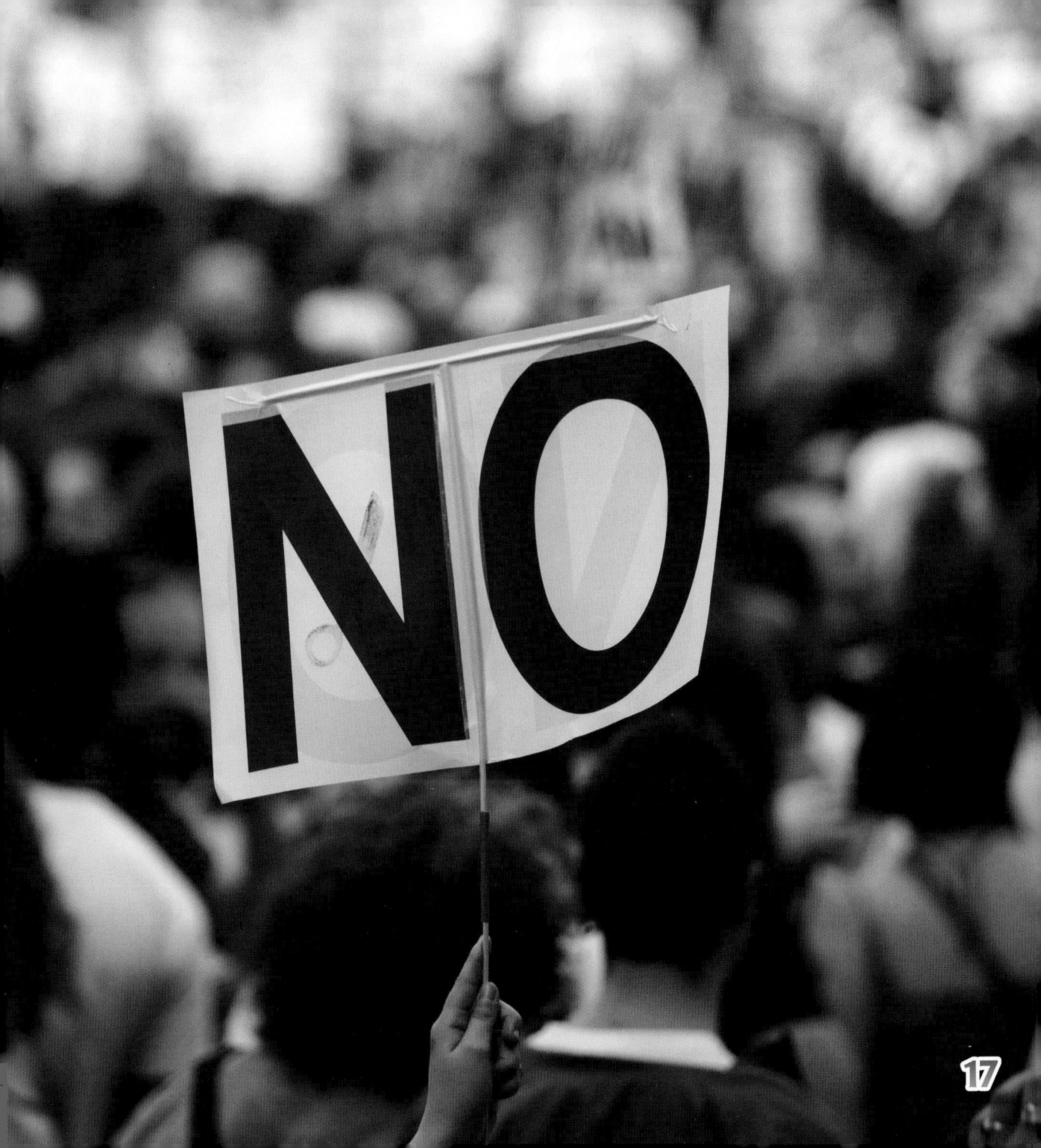
NO

OTROS DERECHOS IMPORTANTES
OTHER IMPORTANT RIGHTS

La Cuarta Enmienda dice que la policía no puede arrestar a los ciudadanos o revisar su casa sin una **orden judicial**. La Quinta Enmienda protege los derechos de los ciudadanos acusados de delitos, mientras que la sexta les promete el derecho a tener un abogado y un juicio justo a través de un jurado.

The Fourth Amendment says police may not arrest citizens or search their homes without a **warrant**. The Fifth Amendment protects the rights of citizens accused of crimes, while the sixth promises them the right to a lawyer and a fair trial by jury.

La Décima Enmienda dice que los poderes no dados al gobierno federal pertenecen a los estados. Por ejemplo, diferentes estados tienen diferente edad mínima para conducir.

The Tenth Amendment says that powers not given to the federal government belong to the states. For example, each state sets its own legal driving age.

La Quinta Enmienda dice que las personas acusadas de delitos no pueden ser obligadas a atestiguar en contra de sí mismas en su juicio.

The Fifth Amendment says that people accused of crimes cannot be made to testify against themselves at their trials.

La Séptima Enmienda garantiza el derecho a un juicio con jurado. La Octava Enmienda explica que las multas y castigos por los delitos deben ser justos. La Novena Enmienda dice que los ciudadanos pueden tener otros derechos que deben ser protegidos.

The Seventh Amendment guarantees the right to a trial by jury. The Eighth Amendment explains that fines and punishments for crimes must be fair. The Ninth Amendment says citizens may have other rights that must be protected.

LATER AMENDMENTS

La Carta de Derechos prometió proteger los derechos de los ciudadanos. Sin embargo, pasarían muchos años antes de que el gobierno tratara a todos los hombres y mujeres con igualdad bajo la ley.

The Bill of Rights promised to protect citizens' rights. It would be many years, however, before the government treated all men and women equally under the law.

Esta imagen es de un desfile en apoyo del sufragio, o derecho al voto femenino en la Ciudad de Nueva York en 1912.

This photo shows a parade supporting women's suffrage, or right to vote, in New York City in 1912.

En una decisión contenida en la Décimo Cuarta Enmienda, se prohibió la separación de estudiantes negros y blancos en 1954.

In a decision resting on the Fourteenth Amendment, separating black and white students was outlawed in 1954.

En 1865, la Décimo Tercera Enmienda prohibió la esclavitud. En 1868, la Décimo Cuarta Enmienda prometió a los ciudadanos de todas las razas igual protección bajo la ley. En 1870, la Décimo Quinta Enmienda dijo que no era posible negarle el derecho al voto a ninguna persona. En 1920, la Décimo Novena Enmienda le dio a las mujeres el derecho al voto.

In 1865, the Thirteenth Amendment outlawed slavery. In 1868, the Fourteenth Amendment promised citizens of all races equal protection under the law. In 1870, the Fifteenth Amendment said that no man could be refused the right to vote. In 1920, the Nineteenth Amendment gave women the right to vote.

INSPIRANDO LIBERTAD
INSPIRING FREEDOM

Hoy en día, casi todos los países del mundo tienen constituciones. La Constitución de los Estados Unidos ha durado más que las demás. Ha inspirado a casi todas las constituciones que le siguieron. La Constitución de los Estados Unidos sigue creciendo y cambiando. Cada año se sugieren nuevas enmiendas. Actualmente, hay 27 enmiendas. La Vigésimo Sexta, añadida en 1971 dio a los jóvenes de 18 años el derecho a votar!

Today, almost all of the countries in the world have constitutions. The US Constitution has lasted the longest. It has inspired nearly all of the constitutions that came after. The US Constitution continues to grow and change. Every year, people suggest new amendments. Currently there are 27 amendments. The twenty-sixth, added in 1971, gave 18-year-olds the right to vote!

La Constitución y la Carta de Derechos constituyen la base de las libertades que todos los estadounidenses, tanto jóvenes como ancianos, disfrutan.

The Constitution and Bill of Rights are the basis for the freedoms that all Americans, young and old, enjoy.

GLOSARIO

artículos (ar-TI-ku-los) Partes numeradas de una pieza escrita.

documento (do-ku-MEN-to) Declaración escrita o impresa que ofrece información oficial sobre algo.

enmiendas (en-miEN-das) Adiciones o cambios a la Constitución.

federal (fe-de-RAL) Que tiene que ver con el gobierno central.

legales (le-GA-les) Que tienen que ver con la ley.

milicia (mi-LI-sia) Un grupo de personas que están entrenadas y listas para pelear cuando es necesario.

orden judicial (OR-den ju-di-siAL) Un documento que le da a alguien la autoridad de hacer algo.

preámbulo (pre-AM-bu-lo) Una declaración de presentación.

protege (pro-TE-ge) Mantiene seguro.

ratificaron (ra-ti-fi-KA-ron) Aprobaron oficialmente.

suprema (su-PRE-ma) Mayor en poder o rango.

unido (u-NI-do) Juntado para actuar como un grupo único.

GLOSSARY

amendments (uh-MEND-ments) Additions or changes to the Constitution.

articles (AR-tih-kulz) Numbered parts of a piece of writing.

document (DOK-yoo-ment) A written or printed statement that gives official information about something.

federal (FEH-duh-rul) Having to do with the central government.

legal (LEE-gul) Having to do with the law.

militia (muh-LIH-shuh) A group of people who are trained and ready to fight when needed.

preamble (PREE-am-bel) A statement of introduction.

protects (pruh-TEKTS) Keeps safe.

ratified (RA-tih-fyd) To have been approved officially.

supreme (suh-PREEM) Greatest in power or rank.

united (yoo-NYT-ed) Brought together to act as a single group.

warrant (WOR-ent) A piece of paper that gives someone the authority to do something.

ÍNDICE

INDEX